LE PAYS DES PÊCHES

NOTES POUR SERVIR A L'HISTOIRE

DE

MONTREUIL-SOUS-BOIS

LE PAYS DES PECHES

NOTES

Pour servir à l'Histoire

DE

MONTREUIL-SOUS-BOIS

PAR

A. RAVEY

Bibliothécaire de la Ville de Montreuil

Dessins de d'Avignon Peyre et Voisin

MONTREUIL-SOUS-BOIS
Chez l'Auteur, 143, rue de Paris.
PARIS
Lecampion, libraire, 2, passage du Saumon.
—
1893

A Arsène Chereau

Maire de Montreuil

Je dédie ces pages, en souvenir de notre vieille amitié et, aussi, en témoignage de ses continuels efforts pour l'amélioration de la cité Montreuil-loise.

A. RAVEY.

AVERTISSEMENT

La plus grande partie de ces notes historiques ont paru, en 1885, dans le Journal *le Tribun*, que mes amis et moi nous venions de fonder. Depuis, j'ai continué mes recherches, j'ai fait aussi quelques modifications, d'après les observations qu'on a bien voulu m'adresser, et aujourd'hui je présente, à mes concitoyens, mon modeste travail, sous une forme plus facile à consulter.

L'AUTEUR.

ORIGINE & HISTOIRE

ORIGINE ET HISTOIRE

ONTREUIL tire son nom du mot de la basse latinité *Musteriolum* ou *Monsterolium*, puis *Monasterolum*, monastère, bien qu'il ne reste dans les chartes du x⁰ au xıı⁰ siècle, pas de trace de la présence d'un monastère à aucune époque dans cette localité. On le trouve aussi surnommé *Monasteriolum supra nemus Vincenarum*, en vieux français *Monstereul sur le bois de Vincennes*. Cependant, ce nom seul ne prouve pas qu'il y ait eu un petit moustier, quoique tout l'indique. Il suffisait pour cela d'une simple chapelle appartenant à un monastère ; car c'est de là que l'on a dit en vieux français le moutier pour l'église. Le doyen de Notre-Dame y construisit probablement un petit oratoire qui aura été nommé *Monasteriolum*, parce que les chapitres de cette église étaient cloîtrés. Ce qui confirme cette origine, c'est qu'on voit dans le nécrologe de l'église de Paris que, dès 1103 ou 1104, le chapitre de Paris allait en procession à Montreuil.

On le trouve encore écrit en français : *Monsterol, Monsterul, Monsterel et Montreul*.

Sous le règne de Philippe Ier (1062), Montreuil était un village considérable, et le chapitre de Notre-Dame y possédait de grandes propriétés que Foulques, évêque de Paris, augmenta par une donation en 1103.

Les rois de France avaient un domaine à Montreuil; on voit Louis le Gros y établir les religieux de Saint-Victor de Paris en 1113 et leur donner sur ce domaine le labourage de deux charrues, au lieu dit de l'Ermitage. Ces religieux étaient seigneurs de Montreuil et y avaient droit de justice.

Les chevaliers du Temple étaient propriétaires de cinq arpents de terre à Montreuil; ils s'en disaient seigneurs et prétendaient y avoir droit de justice. Ce fut une source de discussions avec les chapitres.

L'abbaye de Saint-Martin avait aussi quelques pièces de vigne à Montreuil. L'abbaye de Livry en possédait également au lieu dit Talemoy, aujourd'hui Tillemont.

En 1224, Ollivier de la Roche, prieur des Templiers, échangea avec l'abbesse de Sainte-Geneviève les terrains que son ordre possédait à Montreuil.

Philippe-Auguste, abandonna une partie du domaine de Montreuil au sire Gaucher de Châtillon, lorsqu'il acquit de lui le château de Pierrefonds

Montreuil a été la métropole ecclésiastique du canton, et le château de Vincennes en dépendait autrefois, même pour le culte. Son église était celle de cette résidence royale, avant la construction de la Sainte-Chapelle de Vincennes, et le nom d'hôtel de la Reine-Blanche, qu'on donne à la maison du boulanger qui est vis-à-vis de l'église doit être attribué au séjour qu'y faisait chaque année Blanche de Castille, mère de Louis IX, à l'époque des fêtes de Pâques.

Charles V, qui naquit au bois de Vincennes le 21 janvier 1337, fut baptisé à l'église de Montreuil, ainsi que Jeanne de Bourbon sa femme. De là, sans doute, les deux dauphins qu'on voyait au-dessus du portail de l'église, avant sa restauration en 1835.

En 1360 la commune de Montreuil qui est qualifiée de ville dans une charte du roi Jean, acheta de lui son affranchissement, l'exemption de tous impôts, tailles, corvées, logements de guerre, en échange de l'eau de ses sources, qu'elle fit conduire à ses frais au château de Vincennes.

Pendant la captivité du roi Jean, et les incursions des Anglais, Montreuil fut très agité par les discordes civiles des rois de France et des bourgeois de Paris qui, dirigées par le prévôt des marchands Etienne Marcel, demandaient des garanties contre un gouvernement dilapidateur.

De 1400 à 1700, les habitants de Montreuil fournissaient quatre hommes pour le guet du château de Vincennes. Ils recevaient, en entrant, un grand manteau rouge, auquel était attaché un chaperon ; c'est-à-dire une cape avec un capuchon, semblable à ceux que Du Guesclin faisait porter à ses hommes d'armes. Le portier du château avait la garde de ces manteaux, il leur donnait le soir en entrant. Ce guet était pour empêcher, de concert avec les gardes de la garenne, le gibier de détruire les vignes

Le comte de Tancarville, capitaine du château et Jean Sauvage son lieutenant eurent, dans le début, beaucoup de peine à faire exécuter ce règlement. Les paysans alléguèrent que Vin_ cennes n'était qu'un lieu de plaisance et se prétendirent affranchis de toute servitude ; de plus, comme les terres des environs servaient aux chasses royales, ils se plaignirent que les lièvres faisaient beaucoup de dégât dans leurs vignes et dans leurs champs. Après des informations prises sur ces divers sujets de plaintes, en condamna les habitants de Montreuil à fournir deux hommes au guet. où à payer treize deniers par chaque défaut.

Différents hameaux ou écarts dépendaient de la paroisse de Montreuil, nous citerons :

Tillemont, qui avait appartenu à l'abbaye de Livry et qui, en 1681, était la propriété commune de Ragois, conseiller du roi, et de Jean Lenain, seigneur de Beaumont. son beau-frère.

Saint-Antoine, plus anciennement appelé Aunay, appartenant à l'abbaye Saint-Antoine, et dont Pierre de Chambly possédait une partie en 1310.

Boissière et Fortière étaient deux fiefs situés sur le territoire de Montreuil.

Le hameau de la Pissotte ainsi que le château de Vincennes en dépendaient également.

On voit parmi les seigneurs de Montreuil Guillaume Barraud, secrétaire du roi, banni en 1409 pour crime de lèse-majesté et dont l'héritage de Montreuil est donné au comte des

Vertus, par Charles VI. — Jean Turquan en en 1439. — Dreux-Budé en 1466. — Jacques Hurault en 1495 et ses successeurs jusqu'en 1543.

En 1580, François de Maricourt figure dans un procès-verbal de la coutume de Paris, comme seigneur de Montreuil.

En 1750, la seigneurie de Montreuil appartenait au comte de Sourdis.

La seigneurie de Montereau dépendait de la paroisse de Montreuil. Au XIIIe siècle, elle appartint au chevalier Etienne, puis à l'abbaye de Sainte-Geneviève, Pierre de Montereau, ou de Montreuil, le célèbre architecte y est né vers l'an 1200 ; il était seigneur du château de Montereau suivant quelques auteurs, mais ce point n'est nullement prouvé.

Au XVIIIe siècle, le château de Montereau appartenait à MM. Desjardins, conseillers au Châtelet et échevins de Paris.

Ce manoir avec ses vieux arbres, ses toitures élancées et sa vieille chapelle, fut acheté par une communauté de femmes. Il y avait quelques mois à peine que les religieuses occupaient leur nouveau domaine qu'une partie du vieux mur du parc vint à tomber. Or, il est bon de dire que les glacis du fort de Rosny étaient très rapprochés de cette clôture et que du matin au soir on n'y voyait passer que des soldats ; nous laissons donc à juger l'effroi de ces dames en voyant leur sanctuaire exposé aux regards des profanes ; et ne pouvant relever ce mur qui était compris dans la zone militaire, les religieuses abandonnèrent le manoir qui fut acheté plus tard par M. Sueur pour y installer une fabrique de cuirs vernis des plus importantes.

Sous le rapport des eaux, Montreuil est des mieux partagés quoiqu'il n'ait pas de rivières, mais des sources nombreuses, abondantes et limpides qui alimentaient de très belles fontaines : celle de la place de l'Hôtel-de-Ville fut construite sous M de Rotrou, comme elle gênait, où on l'avait placée, et qu'elle n'était pas terminée, il la fit transporter dans un des angles de cette place ; la fontaine des anneaux pour des Auneaux, des aunes, et par corruption des Hanots, située près la route de Romainville. La fontaine des Soucis, dont le nom vient de fleur de souci, se trouve près du cimetière.

Montreuil, par ses produits, a toujours eu l'art de se faire des amis en haut lieu ; et sans parler de Louis XIV, Louis XV et de Louis XVI, qui recevaient sa députation le 25 juillet de chaque année, nous voyons l'impératrice Joséphine, la reine Hortense et la duchesse de Berry venir manger des fruits à Montreuil ; le duc d'Orléans (depuis Louis-Philippe) venait avec sa famille visiter les jardins du vieil Augustin Préaux.

Vers 1750, la côte comprise entre la Glaisière, la rue Pépin et la rue Rochebrune était encore couverte de bois qui dominaient Montreuil, ce qui explique son nom de Montreuil-sous-Bois. l'église s'adossait à cet enchevêtrement de broussailles, prolongement de la forêt de Vincennes.

Les premiers jardins occupèrent l'emplacement appelé la Croix-de-Bois, à l'endroit du carrefour formé aujourd'hui par les rues du Pré, Franklin, de Fontenay, des Carrières et de Rosny. Ils s'étendaient du côté des rues de Fontenay et des Carrières.

LES CÉLÉBRITES

PIERRE DE MONTREUIL

PIERRE DE MONTREUIL
Dessin de RAPHAEL PEYRE, d'après son projet de Monument

LES CÉLÉBRITÉS

PIERRE DE MONTREUIL

PIERRE de Montereau ou de Montreuil est né vers l'an 1200 au château de Montereau, dans le village de Montreuil-sous-Bois. Il fut baptisé dans l'église de cette commune.

Cet artiste acquit la réputation d'un des premiers architectes de son temps et porta l'art gothique à son plus haut degré de perfection. Parmi les édifices qu'il construisit à Paris, nous citerons : le réfectoire de Saint-Martin-des-Champs, aujourd'hui, l'une des salles principales du Conservatoire des Arts et Métiers, où est installée la bibliothèque ; la chapelle Notre-Dame et le réfectoire dans l'abbaye Saint-Germain-des-Prés. Ce réfectoire avait 115 pieds de long sur 32 de largeur, la voûte soutenue par un seul rang de piliers avait 47 pieds de haut. Pendant la Révolution il servit de magasin à poudre et le premier duodi de fructidor an II, jour du Millet (19 août 1794), à neuf heures du matin le feu éclata dans le réfectoire, les statues furent brisées, les vitraux volèrent en éclat, et le chef-d'œuvre de Pierre s'abîma dans les flammes ; et, enfin, la Sainte-Chapelle, un autre chef-d'œuvre. Commencée en 1245, achevée en 1248, Louis IX (saint Louis), la fit construire pour y placer les reliques qu'il avait apportées de Palestine ou dégagées à des prix fabuleux des mains des Vénitiens. Cet édifice se compose de deux églises superposées ; ses voûtes élevées et pleines de hardiesse ne sont soutenues d'aucun pilier dans œuvre et partout y éclate le principe de l'unité. La richesse délicate des détails, la beauté de ses proportions générales ne cèdent en rien à celles qu'on remarque dans quelques-unes des plus célèbres églises de France. On peut en dire autant de la chapelle de Vincennes et de celle qui se voit à Saint-Germain-des-Prés.

Saint Louis fit construire la chapelle de Vincennes de 1242 à 1250, juste l'époque à laquelle Pierre faisait pour lui la Sainte-Chapelle de Paris.

En 1378, Charles V en fit commencer une nouvelle qui fut construite dans le même style. Tant que durèrent les travaux, l'ancienne resta debout et servit de modèle aux architectes successifs du nouvel édifice qui ne fut terminé que sous Henri II.

Il n'y a donc aucun doute sur la part que peut revendiquer Pierre de Montreuil dans l'édification de la Sainte-Chapelle du château de Vincennes.

Pierre mourut le 16 mars 1266, et fut inhumé le lendemain, dans la chapelle de Saint-Germain-des-Prés.

Il est représenté sur sa tombe, tenant une règle et un compas. Dans le même tombeau repose Agnès, femme du célèbre architecte, morte peu de temps après lui. Sur la tombe on peut lire l'inscription suivante :

Cy gist Agnès famme jadis
Feu mestre Pierre de Montereul
Priez Dieu pour l'âme d'ele.

Cet illustre enfant de Montreuil joignit à de grands talents une probité plus grande encore et fut une des gloires du treizième siècle.

Paris a déjà rendu hommage à notre célèbre compatriote en plaçant sa statue sur la façade de son nouvel Hôtel de Ville. A quand notre tour ?

Le 29 août 1883, je fis au Conseil municipal les deux propositions suivantes :

1º Que la rue du Cimetière, qui conduit au château de Montereau, porte le nom de Pierre-de-Montreuil.

2º Que le Conseil veuille bien prendre en considération ma proposition tendant à élever un monument à cet illustre enfant de Montreuil.

Ces deux propositions furent adoptées, mais non exécutées.

Je les renouvelai deux fois, et enfin le 17 mai 1889, le Conseil municipal fit droit à ma première proposition. Depuis ce jour, la rue du Cimetière porte le nom de Pierre de Montreuil. Maintenant je vais poursuivre de toutes mes forces la réalisation de la seconde.

Un jeune artiste de notre ville, M. Raphaël Peyre, qui est déjà un artiste de talent, a bien voulu, sur ma demande, exécuter une maquette pour un projet de monument à Pierre de Montreuil. C'est ce projet que représente notre gravure.

TILLEMONT

TILLEMONT

Le Nain, Louis-Sébastien, seigneur de Tillemont, né à Paris en 1637, est mort le 10 janvier 1698 à Montreuil. Auteur des mémoires ecclésiastiques pour servir à l'histoire des six premiers siècles de l'Eglise (16 vol. in-4°) et de l'histoire des Empereurs (6 vol. in-4°.)

Le château de Tillemont fut acheté et démoli par la bande noire en 1807 ; il devait son nom à la belle allée d'ormeaux qui se trouvait au midi. Ce qui semble le prouver, c'est qu'il y a une espèce d'ormeau qu'on nomme l'orme-teille et qu'on dit teille, tille et til.

Ce célèbre historien était si laborieux qu'on montrait ses pieds empreints sur le carreau de son cabinet, à l'endroit où il travaillait.

GIRARDOT

LOUIS XIV CHEZ GIRARDOT
Dessin de d'AVIGNON

GIRARDOT

Girardot, René-Claude, était un ancien mousquetaire de la reine, sous Louis XIV ; blessé, ruiné et mécontent, il se retira à Bagnolet dans l'ermitage de Malassis, sur la limite de Montreuil et de Bagnolet. Là, aidé par les conseils de La Quintinie avec lequel il était lié, il s'occupa d'arboriculture et surtout de la culture du pêcher. Il inventa le palissage à la loque nommé aussi la culture à la Montreuil. Les résultats qu'il obtint surpassèrent ses espérances, et La Quintinie, appréciant le mérite des innovations de son ami, chercha le moyen de les faire connaître à Louis XIV.

Un jour que le grand Condé recevait le monarque à Chantilly, on présenta au prince un panier contenant douze pêches d'un volume jusqu'alors inconnu, admirables par leur velouté et resplendissantes du plus riche vermeil ; le panier avait été remis par un inconnu qui avait aussitôt disparu, et il portait cette suscription : *Pour le dessert du roi.*

La saveur et l'excellence de ces admirables fruits réunirent tous les suffrages ; mais quel en était le donateur ?

Le lendemain, Louis XIV, de retour à Versailles, fit appeler La Quintinie et lui demanda pourquoi il n'avait pas dans ses jardins des pêches semblables à celles qu'on lui avait présentées à Chantilly.

La Quintinie s'excusa auprès du roi sur la nature du sol, l'âge des arbres, l'exposition des murs, etc. ; puis il s'empressa d'aller trouver Girardot et le prévint qu'il amènerait Louis XIV à venir voir ses espaliers.

Voici, à ce sujet, l'anecdote racontée d'abord dans le *Constitutionnel,* et ensuite par Héricart de Thury.

« Un jour, c'était le 25 juillet — le roi chassait à Vincennes. La Quintinie parvint à faire diriger la chasse du côté de Bagnolet ; Girardot qui avait le mot se trouva sur le passage des chasseurs, partie en habit d'officier de mousquetaires, partie en costume de jardinier ; il était entouré de ses sept fils qui offrirent des pêches au monarque et aux dames de la Cour. Louis XIV étonné de cette mascarade s'arrête et met pied à terre. Girardot lui donne le mot de l'énigme, et l'invite à venir voir ses jardins. Cette visite valut au soldat-laboureur une pension avec le rappel de tous ses arrérages du jour où il avait quitté le service ; et le roi, pour lui faire comprendre qu'il reconnaissait en lui le mystérieux donateur de Chantilly, lui demanda de lui apporter tous les ans à pareil jour une corbeille de pêches : *Pour le dessert du roi*. Girardot devenu vieux et infirme, continua de se présenter tous les ans, le 25 juillet, au dîner du roi, accompagné de ses sept fils que l'on appelait les sept preux. »

Après la mort de Girardot (1734) et la dispersion de sa famille, Montreuil hérita de son industrie plus particulièrement que Bagnolet. Aussi, ce sont les habitants du premier qui continuèrent l'offrande annuelle du 25 juillet, qui s'est perpétuée jusqu'en 1789.

Quant à Girardot, ne vendant ses fruits qu'aux grands seigneurs, il acquit une très belle fortune. Son enclos, composé de quatre arpents de terre qu'il avait fait couper en soixante-douze carrés par des murs, et que pour cela on appelait le damier, lui rapportait 30,000 livres par an.

Une rue de Montreuil porte son nom.

BEAUSSE

BEAUSSE

Beausse, le père, ou la Brette, qui fut syndic de Montreuil, mourut en 1750, à plus de quatre-vingts ans. Il a donné son nom à une pêche nommée *la Belle Beausse*. Le surnom de la Brette venait de ce que, dans les cérémonies, il portait une brette ou longue épée.

Avant 1754, Montreuil n'avait qu'un chemin de terre pour aller à Paris qu'on a ensuite appelé rue du Vieux-Chemin-de-Paris et aujourd'hui rue Etienne-Marcel ; Beausse fit faire la route actuelle, en éprouvant bien des résistances, des injures et des persécutions de la part de ses concitoyens, dont il faisait le bien et préparait la fortune.

Cette route a été réparée en 1825 : elle se nomme la rue de Paris.

Beausse habitait la maison portant le n° 50, rue Danton, véritable habitation de cultivateur, irrégulière et composée de plusieurs petits bâtiments.

CUPIS

CUPIS

Cupis, frère des deux célèbres danseuses, la Camargo et la Sallé, était violoniste à l'Opéra en 1755. Très habile écuyer il avait entrepris un jour de dompter un cheval arabe, ce cheval, devenu furieux, emporta son cavalier et sauta, avec lui, de dessus le pont Neuf, dans la Seine, aborda à la nage, et le ramena triomphant aux Tuileries, tout dompté. Louis XV auquel il appartenait, lui donna pour récompense la capitainerie ou rendez-vous de chasse de Saint-Mandé. Il s'y retira, prit goût à la culture, ce qui fit qu'il changea cette capitainerie contre une maison à Montreuil, rue Marchande, n° 41 (rue A.-Pesnon), où il devint un grand cultivateur par les leçons de Pépin, et contribua avec lui à perfectionner la culture et la taille des arbres. Il est mort à Montreuil en 1788, âgé de 72 ans.

SCHABOL

SCHABOL

Schabol, Jean-Roger, était un amateur passionné pour le jardinage. C'est lui qui a contribué le plus, par ses ouvrages, à faire connaître et à répandre la culture à la Montreuil. Il fait remonter la culture de la pêche à 1670 (pages 93 à 115 de sa pratique du jardinage, 2 vol. in-8°, 1770) ; il dit que la culture des arbres fruitiers, est portée à Montreuil, à sa perfection depuis plus d'un siècle ; et plus loin que Montreuil fait un commerce immense de pêches et d'autres fruits depuis 150 ans, ce qui remonterait à 1620.

Ce n'est donc pas Girardot qui a introduit la culture de la pêche à Montreuil, il n'a fait que la perfectionner.

PÉPIN

PÉPIN

Pépin, Pierre, était fils de Nicolas Pépin contemporain et émule de Girardot. Il naquit à Montreuil en 1722, au n° 3, de la maison qui porte son nom et qui paraît avoir été un couvent de religieuses, de là, le nom de ruelle des Sœurs à la voie qui longe cette propriété.

Mériel a demeuré aussi dans cette maison, ainsi que MM. Lebour et Colmet d'Aage.

Pépin mourut en 1802, après avoir été successivement maire et juge de paix. Il fut nommé en 1761 membre de la Société d'agriculture de Paris, dès sa formation. Pierre Pépin n'a jamais écrit sur son art. La société d'agriculture sentant de quel prix il serait de recueillir ses observations avait chargé une commission de suivre et de décrire ses travaux ; mais la mort l'a frappé avant que les commissaires eussent achevé ; de manière que l'art qu'il avait perfectionné, était alors concentré dans Montreuil, et le partage presque unique des élèves de ce professeur praticien. Depuis sa mort, ses élèves, surtout Mozard et Mériel, en ont formé d'autres, tels que Lepère, Malot, Lebour, etc., qui ont porté cet art à un plus haut point encore de perfection. Comme tous les cultivateurs pratiques, il condamnait en masse tous les livres sur l'agriculture. Quoiqu'il en soit, Pépin fils était un observateur scrupuleux des phénomènes de la nature ; mais par cela même qu'il condamnait les écrits des autres, il ne voulut rien écrire non plus.

La rue Pépin portait autrefois le nom de rue du Cimetière ; elle conduisait à la butte Beaumont, où se trouve placé le cimetière actuel, et ce nom de Beaumont est celui de l'architecte qui a bâti et habité la maison occupée plus tard par Eloi Johanneau, l'auteur des *Fastes de Montreuil ;* aujourd'hui cette maison est habitée par mon ami, Alexandre Lefèvre, un vieux républicain, qui fut pendant douze ans conseiller général pour le canton de Vincennes, et, est actuellement sénateur de la Seine.

MOZARD

MOZARD

Mozard, élève de Pépin et membre de la Société d'agriculture, était neveu de Mozard, ancien jardinier de Louis XVIII, à Versailles; il a publié en 1814 un ouvrage qui a obtenu deux médailles d'or de la société d'agriculture, il est intitulé : *Principes pratiques sur l'éducation, la culture, la taille et l'ébourgeonnement des arbres fruitiers, et principalement du pêcher, d'après la méthode de M. Pépin et autres célèbres cultivateurs de Montreuil*, in-8°, de 166 pages avec trois planches. Ainsi, grâce à lui, le fruit de la longue expérience de Pépin, son habile maître, n'a pas été tout à fait perdu.

Ici vient la place du fait suivant : En 1815, les cosaques cantonnés à Montreuil s'étant mis à couper les arbres des vergers, on députa à Alexandre, qui habitait l'Elysée, trois cultivateurs : Girard (Abraham), Mozard (Jean), Mainguet (Jean), pour lui présenter un panier des plus belles pêches (quelques-unes avaient 14 pouces de circonférence). L'empereur de Russie, émerveillé de voir de si beaux fruits, leur fit présent à chacun d'une bague en diamants d'une valeur de quinze cents francs, et donna l'ordre de faire sortir sur le champ les troupes russes de Montreuil.

Nous rapportons ce fait au point de vue historique, laissant au lecteur le soin d'en apprécier le patriotisme.

Mozard mourut le 16 décembre 1818.

Il habitait rue du Milieu. 66 (rue Victor-Hugo).

A. PRÉAUX

A. PRÉAUX

Préaux, Augustin, est né à Montreuil, le 12 mars 1745. C'est à lui qu'on doit l'importation, à Montreuil, de la cerise anglaise, en 1792. Cette cerise a fait sa fortune et lui a valu une médaille de la Société d'agriculture présidée alors par Cadet de Vaux.

Préaux, le vieil Augustin, comme on l'appelait, est mort le 26 octobre 1836. Il demeurait au n° 49 de la rue Marchande (rue Alexis-Pesnon).

On appelait *Préau*, du latin *pratellum*, petit pré, un terrain qui était environné de portiques dans un cloître, et qui servait de cimetière au monastère. Il se pourrait que l'ancien cimetière de la paroisse de Montreuil eut été celui du couvent (*petit moutier*) et que ce fut de là que l'ancienne famille des Préaux tirât son nom.

MÉRIEL

MÉRIEL

Mériel, habile cultivateur, était l'élève d'affection de Pépin, qui lui a légué, en mourant, sa maison, sa bibliothèque et ses jardins. Il avait remplacé son maître à la Société d'agriculture et on venait de très loin prendre ses leçons. Il a été adjoint d'abord, et ensuite maire de Montreuil pendant quinze ans. Il est mort le 8 avril 1830.

Une rue de Montreuil porte son nom.

LEPREUX

LEPREUX

Lepreux, jardinier-fleuriste, cultivait à Montreuil, vers 1825, de nombreux orangers ; il avait le talent d'en lier les branches par la greffe, de manière à exprimer des noms et des devises dans le genre de celles-ci : (c'était en 1825) !

  V. L. XVIII : Vive Louis XVIII !
  V. N. H. : Vive notre Henri !

dont il fit hommage à la duchesse de Berry, naturellement.

YVER

YVER

Yver, ancien notaire de Paris, un lettré, mort du choléra en 1832. Il possédait à l'Ermitage un jardin où passait un ruisseau divisé en deux bras et traversé par de petits ponts. Il avait embelli ce jardin par des plantations, des allées d'arbres et par un pavillon dressé au milieu, affecté à la méditation et à la lecture.

VALVEIN

VALVEIN

Valvein, Auguste-Eugène, qui fut conseiller municipal de 1819 à 1825, notaire de 1815 à 1823, à Montreuil, et plus tard maire de Tours, a beaucoup contribué, par son zèle, à l'embellissement de notre commune. C'est à cette époque que se fit le pavage des rues et de la route 41 (rue de Paris), l'acquisition de la place Girard, aujourd'hui place de l'Hôtel-de-Ville, qui fut percée de quatre nouvelles rues, dont une porte le nom de Valvein ; la translation du cimetière (il était alors autour de l'église), à l'endroit où il est actuellement ; la construction d'une fontaine sur la place, et d'un égout pour l'écoulement des eaux. Dans sa propriété, il a réuni en bassins ou rivières anglaises des eaux qui séjournaient dans la rue aux Ours (rue Franklin), et en faisaient un cloaque.

C'est dans l'aqueduc de la rue Franklin, construit à cette époque que passe le ruisseau de la

Pissotte qui donnait son nom au petit hameau voisin de Vincennes, mais dépendant de Montreuil.

Valvein fait remonter la culture du pêcher à Montreuil, à 1240, et prétend qu'elle est due à des juifs qui vinrent s'y établir, lors de la restitution que Louis IX leur fit de leur Talmud. S'il n'est pas d'accord avec Schabol sur la date de l'introduction du pêcher à Montreuil, que celui-ci fait remonter à 1620, ils le sont, et bien d'autres avec eux, pour constater que Girardot n'a fait que perfectionner et propager cette culture, ce que personne ne peut lui contester.

DE ROTROU

DE ROTROU

De Rotrou, Michel, directeur de l'entreprise des coches de la Haute-Seine, Yonne, et canal de Bourgogne, maire de Montreuil de 1840 à 1866 et qui eut plus tard des démêlés avec la justice, à propos de sa gestion municipale, était un petit-neveu de l'auteur de *Venceslas*, Pierre de Rotrou, intendant militaire sous Louvois.

Michel de Rotrou fut un maire autoritaire dans toute l'acception du mot, mais non sans talents administratifs.

PESNON

A. PESNON

Pesnon, Jean-Etienne-Alexis, est né à Montreuil, le 4 juin 1788 ; sa jeunesse n'offre rien de remarquable. Il fut exempté (on n'a jamais su pourquoi) du service militaire imposé à tous à cette époque. A l'âge de dix-neuf ans, il épousa Mlle Danquechin-Dorval, dont le père, vendu par son domestique, fut guillotiné en 1794.

En 1824, Pesnon entra au Conseil municipal, où il resta jusqu'à sa mort.

De 1830 à 1845, année de la mort de sa femme, il fut capitaine des pompiers.

Riche déjà du patrimoine de son père, il fut discrètement généreux, et l'on peut dire que sa maison était un bureau de bienfaisance toujours ouvert aux malheureux. Il était propriétaire du Château seigneurial et du Parc, rue Marchande (aujourd'hui rue Alexis-Pesnon), où il avait fait bâtir une maison bourgeoise qui a remplacé le Castel habité jadis par Colbert, ministre de

Louis XIV. La possession de ce domaine valut à Pesnon le surnom de *Seigneur*, d'où le nom de la propriété, *La Seigneurie*. Ce titre, il y tenait, et voulut le perpétuer dans le pays. La fontaine qui est adossée à cette propriété qu'il légua par son testament à la commune, porte le nom de *Fontaine du Seigneur*, d'après le vœu du donateur. Après sa mort, cette magnifique propriété fut adjugée pour la somme de 16,000 francs à M. Etienne Vitry, qui fut pendant longtemps adjoint au maire de Montreuil.

La mort d'Alexis Pesnon est entourée d'un certain mystère ; vingt-deux jours après avoir signé ses dernières volontés, dans la nuit du 6 au 7 décembre 1852, il s'était dirigé vers la mairie et avait glissé sous la porte d'entrée principale, une copie de son testament : quelques heures plus tard, cédant à un violent désespoir, il mit fin à ses jours.

Dans son testament, il fut très large envers l'Eglise, à laquelle il avait déjà fait don des magnifiques boiseries du chœur. Du reste, pour lui faire de belles funérailles, celle-ci ne rechercha pas de quelle façon il était mort. Elle était grandement payée. Une des obligations imposée à la Commune par ce testament est l'institution de la fête annuelle de la Rosière.

L'inauguration de son buste dans la salle de la

mairie a eu lieu le 17 juillet 1871 ; elle était présidée par M. Frédéric Lepère, adjoint faisant les fonctions de maire.

En 1883, le Conseil municipal a donné le nom « d'Alexis-Pesnon » à l'ancienne rue Marchande.

MALOT

F. MALOT

Malot, François-Félix, est né à Montreuil, le 5 germinal, an IV (1796). Il s'occupa d'abord spécialement de la culture du pêcher et, en 1841, publia un ouvrage intitulé : *Traité succinct de l'éducation du pêcher en espalier, sous la forme carrée exécutée pour la première fois à Montreuil, de 1822 à 1830 et approuvée par la Société d'horticulture de Paris en 1832 et 1841* (34 pages avec une planche). Il est aussi l'auteur d'une notice sur la perte des pêches de Montreuil, de huit pages in-8°, insérée, en 1840, dans le tome XXVII des Annales d'Horticulture, où il nous apprend qu'à cette époque on cultivait, à Montreuil, 240 hectares en pêchers qui rapportaient environ 13,300,000 pêches par an. Il s'occupa ensuite de la vigne ; il avait étudié à Thomery les procédés de culture de cette localité ; il en fit chez lui l'application et eut la gloire d'avoir, le premier, introduit ce mode de culture à Montreuil. Ses études furent couronnées de succès ; le 19 janvier 1848, M Héricart de Thury, membre de l'Institut, présentait un rapport à la Société d horticulture de la Seine, après une visite faite aux cultures de Félix Malot par une commission composée de MM. Pépin, Jamin, Newman, Payen, A. Lepère et H. de Thury, et en mars 1848, cette Société, d'après les conclusions du rapport, lui accordait une grande médaille d'or. Il résuma ses travaux sur la culture de la vigne par la publication d'un ouvrage à la suite duquel il réimprima son abrégé de l'éducation du pêcher. Ce volume porte pour titre : *Exposé pratique de la culture de la vigne dans les jardins, suivi de l'abrégé de l'éducation pratique du pêcher, par Félix Malot, horticulteur-pomologiste* (1854, in-8°, avec 3 planches gravées).

Contemporain et émule d'Alexis Lepère, membre de la Société d'horticulture de Paris et centrale de France et de la Société d'horticulture, de la Société d'horticulture de la Seine, Félix Malot a été un homme utile à son pays et son nom doit rester dans le souvenir de ses compatriotes à côté de ceux des Girardot, des Pépin et des Lepère. Il obtint, pour ses travaux, de la Société centrale d'horticulture de Paris, deux médailles d'or et six d'argent, et de la Société d'horticulture de la Seine, une médaille d'honneur et une grande médaille d'argent. Enfin, après l'Exposition de 1858, Morny le fit nommer chevalier de la Légion d'honneur.

Il mourut le 15 mars 1873, à l'âge de 77 ans. Il demeurait rue du Milieu, n° 100 (rue Victor-Hugo).

LEPÈRE

A. LEPÈRE

Lepère, Alexis, est né à Montreuil, le 18 floréal an VII (7 mai 1799). Fils de cultivateur, il fut élevé dans la culture et ne reçut aucune instruction, ce qui n'empêcha pas son intelligence pour les travaux d'arboriculture de se manifester de bonne heure.

En 1825, il fit construire le jardin de Montereau qui fit l'admiration de tous les connaisseurs.

En 1836, ses travaux lui valurent deux médailles de la Société royale d'horticulture de France. Sa réputation alors était établie et ses succès se poursuivirent sans interruption.

Il publia, en 1841, son livre intitulé : *Pratique raisonnée de la taille du pêcher* (1 vol. in-8°, 117 pages, 4 planches). Depuis, cet ouvrage a eu plusieurs éditions.

Alexis Lepère rendit certainement de grands services à la culture de Montreuil et fit de nombreux élèves. En même temps qu'il donnait aux pêchers les formes les plus variées, il possédait le talent de la restauration des vieux arbres.

En 1850, il recevait du ministre de l'Agriculture, comme récompense de ses travaux et de ses leçons, une grande médaille d'or.

Enfin, en 1855, ayant pu amener l'homme du Deux-Décembre à visiter son jardin, il fut fait chevalier de la Légion d'honneur, et, en 1867, le roi des Belges lui décernait la croix de l'ordre de Léopold, pour les leçons qu'il avait données à des jeunes gens de ce pays.

Alexis Lepère mourut le 25 mai 1882, et le 22 juillet 1883 on inaugura le monument élevé à sa mémoire dans le cimetière de Montreuil. Le buste qui surmonte le monument est de P. Loyson. Il existait déjà un excellent buste de Lepère, par Lavergne, élève de Jouffroy, et artiste de talent, qui habitait la commune depuis longtemps. C'est probablement pour cette raison que le comité l'a complètement oublié.

Les nombreux discours prononcés à cette cérémonie ont été publiés par le comité en une brochure in-8° de 19 pages.

Le nombre des souscripteurs à ce monument s'éleva à cinq cents, dont deux cents seulement pour Montreuil.

Le Conseil municipal a donné le nom d'Alexis-Lepère à la rue Cuve-du-Four, où il mourut.

PRÉAUX

D. PRÉAUX

Préaux, Désiré, fils d'Augustin Préaux, est né à Montreuil, le 22 avril 1817, riche et sans enfant il a fait à la commune différentes donations, dont la principale est une rente de 3,000 francs, déstinée au couronnement de deux nouvelles rosières, choisies l'une dans le haut, et l'autre dans le bas Montreuil. Les cérémonies prescrites pour le couronnement de ces rosières sont purement civiles. Il a affecté aussi une somme de 200 fr. pour récompenser chaque année les deux meilleurs élèves (fille et garçon) de nos écoles primaires.

Ce Préaux était employé dans une maison de banque et mourut à Paris, le 14 avril 1882.

TROUILLET

TROUILLET

Trouillet, Eloi, qui a habité Montreuil pendant quarante ans, était un arboriculteur distingué. Il s'est fait l'apôtre de notre culture dans plus de vingt départements. Possédant des connaissances pratiques, il fut aussi un habile théoricien. Il a publié plusieurs ouvrages sur l'arboriculture, il a écrit une brochure sur la vigne, d'après un système qui permet de la conduire sans échalas.

Ce savant modeste est mort à Montreuil, en 1887, à l'âge de soixante-quinze ans.

CHEVALIER

D. CHEVALIER

Chevalier, François-Charles-Désiré, est né à Montreuil le 11 novembre 1820. Descendant d'une des plus anciennes familles de cultivateurs de Montreuil, il sut profiter des traditions de ses devarciers et devint un habile praticien. En 1858, il fit construire un jardin dans lequel tout le monde pu admirer ses superbes espaliers de pêchers traités avec un art et un soin tout particuliers, sous les formes les plus diverses et des plus régulières. Il était, en outre, chercheur infatigable, toujours occupé à étudier les améliorations à apporter à la culture du pêcher.

Depuis longtemps professeur d'arboriculture, il reçut, en 1880, les palmes académiques, couronnement des nombreuses récompenses qu'il obtint dans les concours et les expositions.

Désiré Chevalier est mort le 6 janvier 1888. Depuis 1863, il faisait partie de la Société nationale d'horticulture.

LES MONUMENTS

———

LA MAIRIE

MAIRIE DE MONTREUIL

Dessin de Henri Voisin

LES MONUMENTS

LA MAIRIE

La mairie de Montreuil est construite sur plan rectangulaire et comprend, sur sa façade principale, trois travées et deux étages. Au rez-de-chaussée et dans l'axe s'ouvre une porte encadrée de chambranles et surmontée d'un balcon décoré de quatrefeuilles. Les deux autres travées sont ajourées de fenêtres rectangulaires. Un bandeau sépare le rez-de-chaussée du premier étage, lequel est ajouré de trois fenêtres plein-cintre, à archivoltes décorées de fleurons. La corniche qui couronne cet ensemble est interrompue en son milieu par une plaque en brèche verte portant l'inscription *Mairie*; au-dessus est un attique avec cadran d'horloge décoré de guirlandes et d'une tête. Un lanterneau abrite la sonnerie de l'horloge.

Sur la façade, de chaque côté de la porte, ont été fixées deux plaques de marbre noir. L'une, encastrée dans la pierre provenant de la Bastille, reproduit le plan de cette forteresse gravé et doré; sur la pierre même on lit l'inscription suivante :

En haut :

CANTON DE MONTREUIL
EX UNITATE LIBERTAS
ANNO PRIMO 1789

En bas :

CETTE PIERRE VIENT DES CACHOTS DE LA BASTILLE

On trouve, dans cette inscription, la preuve que Montreuil était bien chef-lieu de canton, à cette époque.

Sur l'autre plaque est gravé :

PAR DÉCISION
DU CONSEIL MUNICIPAL
DE LA COMMUNE DE MONTREUIL-S.-BOIS
EN DATE DU 29 MAI 1878
LA PIERRE
PROVENANT DES CACHOTS DE LA BASTILLE
ET ENVOYÉE A LA LOCALITÉ
EN L'AN 1791
PAR LE CITOYEN PALLOY
A ÉTÉ PLACÉE A LA PORTE DE LA MAIRIE

LA MAIRIE

L'INSTALLATION EN A ÉTÉ FAITE
SOLENNELLEMENT
ET PAR SOUSCRIPTION PUBLIQUE
LE 14 JUILLET 1878
EN MÉMOIRE DE L'HÉROISME DE NOS PÈRES
POUR LA CONQUÊTE DE LA LIBERTÉ

LE MAIRE, A. CHEREAU.

M. LAHAYE, A. BATAILLE, ADJOINTS.

Cette pierre, retrouvée par hasard par le citoyen Ernie, alors conseiller municipal, avait été reléguée, par les administrations précédentes, dans le grenier de l'ancienne mairie, aujourd'hui démolie et qui était située à l'angle des rues Lebour et Victor-Hugo (ancienne rue du Milieu).

La nouvelle mairie de Montreuil a été construite en 1859 et restaurée en 1890. La décoration de la salle des mariages a été confiée à M. Bourgonnier, en 1892, à la suite d'un concours.

ÉGLISE SAINT-PIERRE SAINT-PAUL

ÉGLISE SAINT-PIERRE
SAINT-PAUL

L'église de Montreuil fut bâtie du XIe au XIIe siècle. On y monte par quelques degrés ; le chœur est du XIIIe siècle. La tour placée vers le nord en est aussi, mais non pas la flèche, qui n'a été faite qu'après, et qui a été renversée par la foudre au commencement de notre siècle.

La façade principale comprend trois travées : celle du milieu est accusée par un pignon à un gâlbe Renaissance décoré de crochets, et séparée des travées latérales par deux contre-forts décorés de roses ou de trèfles aveugles ; elle présente au rez-de-chaussée une porte rectangulaire encadrée de colonnettes et surmontée d'un arc brisé accusé par des nervures ogivales. Le gâlbe fleuronné que protège la partie supérieure de cette porte est amorti à ses extrémités par deux pinacles à colonnettes. Une rose à six lobes ajoure le premier étage, et le tympan du pignon présente un cadran d'horloge.

Les deux travées latérales sont occupées au rez-de-chaussée par une porte à colonnettes, et le premier étage, couronné d'une balustrade composée de quatrefeuilles, est ajouré de deux fenêtres ogivales.

Les façades latérales sont enclavées dans des maisons particulières.

Cette église, sur le plan rectangulaire, présente à l'intérieur une grande nef prolongée par un sanctuaire et flanquée de bas côtés et de chapelles collatérales.

La grande nef comprend quatre travées séparées par des piliers circulaires qui supportent d'une part les colonnes encastrées recevant la retombée des nervures ogivales, et d'autre part les arcades ogivales s'ouvrant sur les bas-côtés et les arcs de ces bas-côtés.

Le sanctuaire comprend quatre travées séparées par des piliers à colonnettes recevant les nervures de la voûte et les arcs ogives des bas-côtés. Au-dessus de l'ogive latérale, s'ouvre un triforium comprenant un grand arc ogival divisé en trois parties par des colonnettes supportant une arcature ogivale de moindre importance.

Dans le tympan de l'arc supérieur se trouve un œil-de-bœuf. La nef se termine par un mur droit dans lequel s'ouvre une baie ogivale décorée de vitraux

Les double collatéraux, au droit de la grande nef, sont ajourés par des fenêtres ogivales à meneaux ; au droit du sanctuaire, le dernier collatéral est occupé par des chapelles absidales ; le second collatéral du côté gauche n'a que trois travées et se termine à la paroi de la tour.

Les verrières représentant saint Pierre, saint Paul, et signées Lévèque, peintre-verrier, ont été données par M. Oudard. Elles ornent le sanctuaire.

Parmi les tableaux qui se trouvent dans cette église, citons : Une résurrection de Jésus-Christ, de Paul Philippoteaux, commandée par le département; six toiles signées Guillot, données par l'auteur.

La construction de cette église, je l'ai dit plus haut, date du XIIe siècle, et chose étonnante, ne repose sur aucune fondation.

CHAPELLE SAINT-ANDRÉ

CHAPELLE SAINT-ANDRÉ

Cette église présente un mur pignon dont le galbe est décoré de dents de scie; au rez-de-chaussée est une porte élevée sur un perron de quatre marches et accusée par deux pilastres composites sur lesquels s'appuie un arc plein-cintre couronné par un fronton triangulaire.

La porte rectangulaire est surmontée, dans le tympan de l'arc, d'un quatrefeuilles encadrant une figure de Christ; au-dessus est un œil-de-bœuf.

Les façades latérales sont éclairées par cinq fenêtres plein-cintre, séparées par des contre-forts peu saillants.

La sixième travée est occupée par un petit clocher sur plan carré dont le beffroi en bois est ajouré de fenêtres plein-cintre garnies d'abat-sons; un toit pyramidal couronne cet ensemble.

A l'intérieur, cette église comprend une grande

nef divisée en cinq travées ajourées par des fenêtres plein-cintre.

Les vitraux ont été exécutés par Tamoni, peintre-verrier. Ce sont des motifs d'ornement.

Parmi les tableaux ornant cette église, nous signalerons : Un saint Antoine de Padoue et un saint François de Sales, de Charles Maillot. le premier donné par le département, le second par l'auteur ; un saint Jean-Baptiste et un saint Jean l'Evangéliste, d'Abel de Pujol, élève de David. Ces deux cartons avaient été exécutés pour des vitraux destinés à Sainte-Elisabeth de Paris.

ADMINISTRATION, STATISTIQUE

LES MAIRES DE MONTREUIL

ADMINISTRATION, STATISTIQUE

LES MAIRES DE MONTREUIL

E plus ancien magistrat de ce nom dont on retrouve la trace, est Henri Fourillon, avocat au parlement, *maire privé* et garde de la terre de Jean Couture, à Montreuil, près Vincennes, en 1407.

Ces magistrats qui s'appelèrent aussi syndics sous la monarchie portèrent le titre d'officiers publics pendant la période révolutionnaire, et enfin celui de maires. En voici la nomenclature depuis 1792 :

1792 — Pépin, qui fut plus tard juge de paix.
1793 — Danquechin, Brou et Couturier.
1794 — Rocher et Prudhomme.

1796 — Souhayté et Coronnier.
1800 — Prudhomme, maire provisoire.
1800 — Lunas.
1812 — Mériel.
1816 — Vannod.
1824 — Girard.
1830 — Peron.
1832 — Lebour.
1840 — De Rotrou.
1866 — Sueur.
1870-71 — Hénin, Letellier, Lepère, conseillers municipaux, remplirent, tour à tour, les fonctions de maire.
1871 — Sueur.
1876 — Charpy.
1878 — Chereau.
1884 — Lahaye (Mathurin).
1888 — Chereau, nommé pour la quatrième fois en 1892.

Montreuil nomme 27 conseillers municipaux : Il y a un maire et deux adjoints nommés par le conseil.

Le budget communal qui était de 100,000 fr. en 1868, s'élève aujourd'hui à 600,000 francs.

SUPERFICIE, ÉTENDUE

SUPERFICIE, ÉTENDUE

Montreuil dont la superficie est de 896 hectares compte parmi les communes les plus étendues du département de la Seine. Elle va des fortifications (ouest) au fort de Rosny (est) et compte dans sa longueur 6 kilomètres, pour sa largeur elle touche Vincennes (sud) et va jusqu'au territoire de Romainville (nord). Elle est traversée dans sa longueur par la route départementale n° 41 qui va de Paris à Gagny.

MOUVEMENT

DE LA POPULATION

MOUVEMENT DE LA POPULATION

En 1834 Montreuil possédait 3.279 habitants.
    1839   —   3.546   —
    1841   —   3.556   —
    1846   —   3.620   —
    1851   —   3.800   —
    1856   —   4.311   —
    1861   —   6.870   —
    1866   —   9.235   —
    1872   —   12.222   —
    1877   —   13.607   —
    1881   —   18.647   —
    1886   —   21.511   —
    1891   —   23.986   —

INSTRUCTION

INSTRUCTION PUBLIQUE

Il y a trois groupes scolaires :

Le premier, situé place de l'Hôtel-de-Ville, a été construit en 1870, il renferme écoles de filles et de garçons ; le second, rue des Ecoles, renferme également écoles de filles et de garçons, il a été construit en 1874 et agrandi en 1882 et en 1885. Une école maternelle est installée dans les bâtiments de ce dernier groupe. Il existe une autre école maternelle, construite rue Franklin, sur un terrain donné par Alexis Pesnon.

Enfin le troisième groupe, situé rue Colmet-Lépinay, dont la construction a été achevée en 1891, renferme écoles de filles et de garçons, école maternelle et une salle des fêtes.

Une caisse des écoles a été fondée en 1876 et une bibliothèque communale en 1877.

L'auteur de ce livre a pris une certaine part à la fondation de cette dernière, et c'est avec une grande satisfaction qu'il constate le succès toujours grandissant de la bibliothèque de Montreuil qui est aujourd'hui une des premières du département

Il existe aussi depuis 1882 une société de tir dont il fut également un des fondateurs et le premier président, elle est désignée sous la dénomination de *Société démocratique de tir de Montreuil-sous-Bois*.

C'est à partir de cette époque que Montreuil a commencé à changer de face : un grand nombre de voies ont été mises en état de viabilité, nous citerons : les rues Michelet, des Meuniers, des Sorins, de la Fraternité, J.-J.-Rousseau, Barra, Garibaldi, de la Jonction, Guttenberg, du Gazomètre, de la Révolution, Gambetta, Carnot, du Centenaire, Colmet-Lépinay, Condorcet, Cuvier, Désiré-Préaux, Douy-Delcupe, Etienne-Marcel, des Fleurs, de la Fédération, des Guilands, des Jardiniers, Jeanne-d'Arc, Mirabeau, Parmentier, Paul-Bert, du Progrès, du Sergent-Bobillot, etc.

Le gaz et l'eau distribués dans la plupart de ces voies ; une nouvelle place (celle de la République) a été créée, et le cimetière agrandi, fondations et améliorations dont on doit féliciter le Conseil municipal de cette époque et en tête son actif et intelligent président, M. Chereau, d'abord adjoint (1876) maire de 1878 à 1884, renommé en 1888 et en 1892.

La fête communale commence le dernier dimanche de juin et se tient place de l'Hôtel-de-Ville. La fête d'automne commence le deuxième dimanche de septembre et se tient place de la République.

Il existe un marché à Montreuil, place de l'Hôtel-de-Ville, les jours de vente sont le jeudi et le dimanche, ce dernier jour et pendant une partie de l'année il y a marché aux arbres

Deux tentatives faites pour l'établissement d'un second marché place de la République n'a pas réussi, mais par contre le marché installé rue de Paris a parfaitement pris.

Il y a trois moyens de transport :

1º L'omnibus, entreprise Muller ;

2º Les tramways-sud ;

3º Le chemin de fer de Vincennes, par correspondance.

Montreuil possède aussi un bureau de postes et télégraphes ; une succursale de la caisse d'épargne et une usine à gaz fondée en 1867, laquelle est, depuis 1891, propriété de la Commune.

CULTURE, INDUSTRIE

CULTURE, INDUSTRIE

Ce qui a fait la réputation de Montreuil, c'est la culture du pêcher ; 320 hectares environ sont consacrés à cette culture, à 1,800 mètres d'espaliers par hectare, et à 30 pêches par chaque mètre de branche cela produit par an 17,280,000 pêches ; aussi nous pensons qu'il porterait à plus juste titre le nom de Montreuil-aux-Pêches que celui de Montreuil-sous-Bois, attendu que les bois ont disparu du territoire depuis si longtemps, que cette dernière dénomination n'a plus sa raison d'être. Mais ce qui a fait sa fortune, c'est la transformation en ville industrielle ; transformation à laquelle est due l'accroissement vraiment extraordinaire de sa population depuis vingt ans.

Les carrières de Montreuil fournissent abondamment du plâtre, et on y fabriquait, il y a peu de temps encore, de la chaux hydraulique et du ciment dit ciment du Bassin. Briqueteries, fabriques de porcelaines, de cuirs vernis, tanneries, verreries, parfumeries, fabriques de produits chimiques, de bougies, chandelles et fonderies de suif, ébénisterie, toile cirée, teintureries, lustreurs en pelleteries, fabriques de vernis, de boutons, de chapeaux, corderies, distilleries, marchands de bois et de vins en gros, fabriques de colles, terres cuites et porcelaines artistiques donnent à notre localité une importance qui chaque année va en augmentant.

LE CONSEIL MUNICIPAL

DEPUIS 1870

LE CONSEIL MUNICIPAL

DEPUIS 1870

J'aurais voulu remonter plus haut dans la composition des Conseils municipaux, mais avant 1870, il existe de telles lacunes dans les archives communales, que j'ai dû renoncer à cette idée.

1870

Scrutin des 6 et 13 août

23 MEMBRES

1. Sueur.
2. Vitry, Etienne.
3. Préaux, Adrien.
4. Vitry, Gustave.
5. Lepère, Frédéric.
6. Couturier.
7. Lahaye, Mathurin.
8. Mainguet, Michel.
9. Charpy.
10. Proust.
11. Hénin.
12. Poupon.
13. Gillot, Hilaire.
14. Large.
15. Totin, Jules.
16. Letellier.
17. Chevalier. Hémar.
18. Blot.
19. Delaire.
20. Gandil, Dr.
21. Bataille, Jean-Louis.
22. Savard, François.
23. Masson.

1871

Scrutins des 23 et 30 juillet

23 MEMBRES

1. Vitry, Gustave.
2. Lepère, Frédéric.
3. Sueur.
4. Préaux, Adrien.
5. Vitry, Etienne.
6. Vibert.
7. Savard, François.
8. Hénin.
9. Blot.
10. Dormeau, Frédéric.
11. Beausse, Emile.
12. Lepère, Alexis, fils
13. Morel.
14. Couturier.
15. Robillard.
16. Thioust.
17. Chevreau, A.
18. Mainguet, J.-Marie.
19. Chevalier, Robert.
20. Proust.
21. Beausse, J.-D.
22. Durin.
23. Lahaye, Robert.

1873

ÉLECTION PARTIELLE

Scrutin du 23 novembre

7 MEMBRES

1. Lepère, Frédéric.
2. Dormeau, Frédéric.
3. Beausse, J.-D.
4. Charpy.
5. Lahaye, Mathurin.
6. Gillot, Hilaire.
7. Lefèvre, Alexandre.

1874

Scrutins des 29 novembre et 6 décembre

27 MEMBRES

1. Lepère, Frédéric.
2. Dormeau, Frédéric.
3. Vitry, Etienne.
4. Charpy.
5. Pesnon, Eugène.
6. Mainguet, J.-Marie.
7. Lahaye, Mathurin.
8. Lefèvre, Alexandre.
9. Sueur.
10. Totin, Jules.
11. Bataille, Jean Louis.
12. Girard, Zéphir.
13. Gillot, Hilaire.
14. Girodias, Jean.
15. Chevalier, Désiré.
16. Guérin Raitière.
17. Jaffeux.
18. Chereau.
19. Malot, Pierre.
20. Bataille, Adolphe.
21. Charton, Désiré.
22. Dreux.
23. Frémont.
24. Migevent.
25. Belvallée.
26. Lardin, Eugène.
27. Vitry, Gustave.

1876

ÉLECTION PARTIELLE

Scrutin du 17 septembre

2 MEMBRES

1. Ravey, A.
2. Ernie.

1878

Scrutin du 6 janvier

27 MEMBRES

1. Pesnon, Eugène.
2. Dormeau, Frédéric.
3. Chereau.
4. Lepère, Frédéric.
5. Chevalier, Désiré.
6. Girard, Zéphir.
7. Bourgeois.
8. Bazin
9. Lahaye, Mathurin.
10. Totin, Jules.
11. Malot, Pierre.
12. Bataille, Adolphe.
13. Eudes.
14. Charpy.
15. Gillot, Hilaire.
16. Durand-Roche.
17. Lefèvre, Alexandre.
18. Ernie.
19. Sion.
20. Masson.
21. Mattern.
22. Lahaye, Eugène.
23. Maublanc.
24. Grapinet.
25. Ravey, A.
26. Chevillier.
27. Flamand.

1879

ÉLECTION PARTIELLE

Scrutin du 22 juin

5 MEMBRES

1. Tessier, Achille.
2. Carrière.
3. Le Mansois.
4. Seppe.
5. Gaumard.

1881

Scrutins des 9 et 16 janvier

27 MEMBRES

1. Chereau.
2. Pesnon.
3. Malot, Pierre.
4. Bazin.
5. Girard, Zéphir.
6. Durand-Roche.
7. Dormeau, Frédéric.
8. Chevalier, Désiré.
9. Thévenard, François.
10. Préaux, Jean-Louis.
11. Totin, Jules.
12. Eudes.
13. Masson.
14. Ernie.
15. Lahaye, Eugène.
16. Brimbaut.
17. Grapinet.
18. Mattern.
19. Sion.
20. Lachambre.
21. Ravey, A.
22. Hautbout.
23. Mathieu.
24. Lahaye, Mathurin.
25. Franjoux.
26. Bataille, Alphonse.
27. Tessier, Achille.

1883

ÉLECTION PARTIELLE

Scrutin du 27 mai

9 MEMBRES

1. Dormeau, Frédéric.
2. Tessier, Achille.
3. Préaux, Jean-Louis.
4. Lahaye, Mathurin.
5. Chevalier, Désiré.
6. Brimbaut.
7. Lachambre.
8. Lahaye, Eugène.
9. Franjoux.

1884

Scrutins des 4 et 11 mai

27 MEMBRES

1. Lahaye, Mathurin.
2. Tessier, Achille.
3. Copin.
4. Carrière.
5. Bataille, Adolphe.
6. Mainguet.
7. Brimbault.
8. Franjoux.
9. Nicolas.
10. Lachambre.
11. Bontemps.
12. Gaumard.
13. Frayon.
14. Royannez.
15. Defert.
16. Renaud.
17. Julhe.
18. Roze.
19. Firmat.
20. Picard.
21. Duvaux.
22. Lefèvre, Julien.
23. Carpentier.
24. Gatellier, Paul.
25. Chereau.
26. Lejeune.
27. Charpentier.

1886

ÉLECTION PARTIELLE

Scrutins des 25 juillet et 1er août

7 MEMBRES

1. Chereau.
2. Malot, Pierre.
3. Boisnard.
4. Sion.
5. Renaud.
6. Lejeune.
7. Julhe.

1888

Scrutins des 6 et 13 mai

27 MEMBRES

1. Chereau.
2. Malot, Pierre.
3. Durand-Roche.
4. Loiseau, Léon.
5. Charton, Désiré.
6. Ragonneaux.
7. Lauriau, Victor.
8. Thévenard, François.
9. Mouquet.
10. Boisnard.
11. Vitry, Désiré.
12. Totin, Jules.
13. Grapinet.
14. Eudes.
15. Lejeune.
16. Descombes.
17. Gillot, Louis.
18. Gaillard.
19. Rué.
20. Chenal.
21. Giroux.
22. Garré.
23. Dubettier.
24. Rouèche.
25. Baé.
26. Royer.
27. Copin.

1892

Scrutin du 8 mai

27 MEMBRES

1. Chereau.
2. Charton, Désiré.
3. Durand-Roche.
4. Malot, Pierre.
5. Loiseau, Léon.
6. Lauriau, Victor.

7. Ragonneaux.
8. Thévenard, François.
9. Mouquet.
10. Grapinet.
11. Gillot, Louis.
12. Lardin, Arthur.
13. Eudes.
14. Lejeune.
15. Royer.
16. Rué.
17. Rossette, Abel.
18. Vassout, Léopold.
19. Michaux, Félix.
20. Baé.
21. Giroux.
22. Gautier.
23. Dubettier.
24. Sarrazin.
25. Roussiez.
26. Valette.
27. Yvon.

LES RUES

LES RUES

Montreuil est limitrophe de Paris, St-Mandé, Vincennes, Fontenay, Rosny, Romainville, Bagnolet; et plusieurs de ses voies sont communes avec l'une ou l'autre de ces localités, telles sont :

Avec Vincennes. — Les rues des Deux-Communes ; des Meuniers ; de la Solidarité ; de l'Union.

Avec Saint-Mandé et Vincennes. — La rue de Lagny.

Avec Bagnolet. — Les rues Etienne-Marcel : de la Fraternité dont un côté appartient au territoire de Montreuil et l'autre à l'une de ces communes.

NOM ACTUEL	NOM ANCIEN
Alembert (d')	du Pont-Vert
Alexis Lepère	Cuve-du-Four
Alexis Pesnon	Marchande
Armand Carrel	Croix-Doucette
Bacottes (chemin des)	
Bagnolet (de)	

NOM ACTUEL	NOM ANCIEN
Bara	des Pianos
Barbès	des Blanches-Vignes
Barbès (impasse)	
Baudin	Vitry
Beaumarchais	des Gatines
Beaumonts (chemin des)	
Boissière (de la)	
Bons-Plans (sentier des)	
Bougie (chemin de la)	
Buffon	de la Huchette
Buissons (des)	
Buttes (sentier des)	
Caillots (des)	
Caillots (chemin des)	
Capsulerie (sentier de la)	
Carnot	des Guibertelles
Carrières (des)	
Carrel (impasse)	
Centenaire (du)	chemin de l'Epine
Chantreines (des)	
Cité (ruelle de la)	
Clos-Allemands (des)	
Clotilde-Gaillard	ruelle des Prés
Colmet-Lépinay	du Petit-Pont
Condorcet	du Jour
Convention (de la)	de la Charte
Costière (de la)	
Cornouillers (des)	
Crochets (chemin des)	
Cuvier	des Longs-Quartiers
Danton	Haute-St-Père-et-du-Jonc
Delpèche (ruelle)	
Désiré-Préaux	des Roulettes
Détour (du)	
Deux-Communes	
Diderot	des Varennes
Dombasle	Ch.-Botel et du Leviez
Douy-Delcupe	du Château

NOM ACTUEL	NOM ANCIEN
Ecoles (des)	des Bottriaux
Eglise (de l')	
Epernons (des)	
Etienne-Marcel	du Vieux-Chemin-de-Paris
Fédération (de la)	des Moineaux
Flèche (de la)	
Fleurs (des)	
Fonderie (sentier de la)	
Fontaine (ruelle de la)	
Fontaine-des-Soucis (ruelle de la)	
Fontenay (de)	
Fontenay (route de)	
Fontenay (vieille route de)	
François-Arago	du Noyer
François-Debergue	du Bout-de-la-Ville
Franklin	aux Ours
Fraternité (de la)	des Deux-Bornes
Fraternité (impasse de la)	
Fusée (ruelle de la)	
Galilée	du Ciel
Gambetta	des Deux-Communes
Garibaldi	de la Verrerie
Gazomètre (du)	
Gazomètre (passage du)	
Girardot	
Glaisière (de la)	
Gobétue (de)	
Grands-Champs (ch. des)	
Graviers (chemin des)	
Guilands (sentier des)	
Guttenberg	de la Cloche
Hanots (des)	
Hayeps (sentier des)	
Hermitage (de l')	
Hoche	de l'Epine
Hôtel-de-Ville (boul. de l')	
Hôtel-de-Ville (place de l')	Girard
Jardiniers (des)	

NOM ACTUEL	NOM ANCIEN
J. J.-Rousseau	Croix-Feudon
Jeanne-d'Arc (boulevard)	du Demi-Cercle
Jonction (de la)	
Kléber	de Chaveau
Lagny (de)	
Lebour	
Lilas (des)	
Loups (ruelle aux)	
Luat (sentier du)	
Marceau	Du Centre
Mériel	
Messiers (des)	
Meuniers (des)	
Michelet	des Pleux
Mirabeau	
Molière	des Bonshommes
Néfliers (ruelle des)	
Noue (ruelle de la)	
Nouvelle-France (c. de la)	
Paris (de) *route* 41	
Parmentier	de la Baune
Paul-Bert	des Coutures
Pépin	
Pesnon (cité)	
Peupliers (des)	
Pierre-de-Montreuil	du Cimetière
Pré (du) *route* 41	
Progrès (du)	de la Remise
Quatorze-Juillet (du)	des Musiciens
Quatre-Ruelles (chem. des)	
Rabelais	aux Moines
Raspail	des Droublets
République (de la)	du Renard
République (place de la)	
Remblais (sentier des)	
Révolution (de la)	de la Plaine
Rochebrune	de l'Orme
Romainville (de)	Basse-Saint-Père

NOM ACTUEL	NOM ANCIEN
Rosny (de) *route 41*	
Roulettes (sentier des)	
Ruffins (chemin des)	
Saint-Antoine (chem. de)	
Saint Denis (ch. de)	
Saint-Mandé (de)	
St-Victor (sentier de)	
Savarts (chemin des)	
Sergent-Bobillot (du)	des Batailles
Solidarité (de la)	
Sorins (des)	
Soucis (ruelle des)	
Soupirs (sentiers des)	
Stratégique (route)	
Tampon	
Tillemont (de)	
Tourelle (de la)	du Dédit
Union (de l')	Canrobert
Usine (de l')	
Vâ (sentier du)	
Valvein	
Varennes (sentier des)	
Victor-Hugo	du Milieu
Villiers (de)	
Villiers (place de)	
Vincennes (de)	
Voltaire	de la Chapelle

татам
TABLE

ERRATA

Page 17, ligne 20, au lieu de : le nom vient de Fleur de Souci, lire : le nom vient de la Fleur du Souci.

Page 49, ligne 3, au lieu de : au n° 3 de la maison qui porte son nom, lire : au n° 14 de la rue qui porte son nom.

TABLE

	Pages		Pages
Dédicace	5	Origine et histoire	11
Avertissement	7		

LES CÉLÉBRITÉS

Pierre de Montreuil	21	Lepreux	65
Tillemont	27	Yver	69
Girardot	31	Valvein	73
Beausse	37	De Rotrou	77
Cupis	41	A. Pesnon	81
Schabol	45	F. Malot	87
Pépin	49	A. Lepère	93
Mozard	53	D. Préaux	97
A. Préaux	57	Trouillet	101
Mériel	61	D. Chevalier	105

LES MONUMENTS

	Pages		Pages
La Mairie	109	Saint-Paul	115
Eglise Saint-Pierre		Chapelle Saint-André	121

ADMINISTRATION, STATISTIQUE

Les maires de Montreuil	125	Instruction publique	137
Superficie, étendue	129	Culture, industrie	143
Mouvement de la population	133	Le Conseil municipal depuis 1870	147
		Les rues	157

IMPRIMERIE G. GILLOT, VINCENNES.

www.ingramcontent.com/pod-product-compliance
Lightning Source LLC
Chambersburg PA
CBHW070702100426
42735CB00039B/2419